SJÆLEN OG VERDEN

Karen Margrete Olsen

Sjælen og verden

Haiku på dansk (og engelsk)

Omslag med hjælp fra Maya Tagore-Erwin

Forlag: Books on Demand GmbH, København, Danmark
Tryk: Books on Demand GmbH, Norderstedt, Tyskland

ISBN: 978-87-4300-341-0

Indhold

gud i mit indre
lær mig i alle forhold
at søge sandhed

Om haiku

fra gråd til latter
i midten findes kernen
mit evige jeg

Ovenstående haiku sendte jeg til
min ven Rune – og fik følgende
svar:
"Dette er uden tvivl det smukkeste
stykke skarpskårne haiku-lyrik, jeg
nogensinde har set, kære Karen!
Perfekt er et ord, som ofte misbru-
ges – men i dette tilfælde er det
såre passende jo!"

det sidste mørke
før natten forlader os
og dagen kommer
indgyder ro i min sjæl
om forventningens flamme

Dette digt sendte min ven Hasse vi-
dere til Birgit, som svarede: "Wow.
Ja, det er hun god til. Hvor er det
smukt og enkelt."

I denne digtsamling vil læseren finde haiku, som de fleste danskere kender dem, nemlig med 5-7-5 stavelser. De lidt længere digte er waka, som er en forløber for haiku-formen. Her er der 5-7-5-7-7 stavelser i 5 linjer. Digtet til Birgit er et eksempel på waka.

Jeg mødte waka omkring årtusindskiftet, da en japansk-født veninde forærede mig bogen 'The Tale Of Murasaki' af Liza Dalby, som handler om en japansk kvinde i det 11. århundrede. Bogen er krydret med Murasaki Shikibus samtaler med venner og veninder i form af waka-digte. Et eksempel (med engelsk oversættelse):

Miyamabe-no   hana fukimagau
tanikaze ni   musubishi mizu mo
tokezarame ya wa

When the breeze swirls up from the valley to scatter the blossoms on the mountainside, you may be sure the frozen waters will melt.

Her kommer nogle haiku om at
skrive haiku:

sidder i bussen
og skriver haikudigte
herligt tidsfordriv

kroppen skal styrkes
forbindelsen med sjælen
konsolideres

nu kan jeg skrive
vingerne folder sig ud
sjælen kan flyve

haiku på hjernen
det flyder ud af pennen
lige til hjertet

øjebliks status
flyder så fint i haiku
tak, min veninde

kun i knækprosa
nej, nu også i haiku
skænker jeg sjælen

sørg først for din krop
og efter morgenmaden
dukker digte op

at oversætte
en ikke helt enkel sag
forfatterbedrag

Fortale

Ca. 2 år før udgivelsen af denne lille digtsamling døde min veninde gennem 18 år. Hun var kommet fra Japan til Danmark for at blive gift – og døde godt 50 år gammel fra mand og søn. Året efter hendes død tænkte jeg ofte på hende og på den japanske kultur, som hun havde hjulpet mig at uddybe mit kendskab til. Pludselig efter godt et år begyndte haikudigte at dukke op, særlig om morgenen, når jeg sad længe og fordybet efter morgenmaden. Det meste af denne digtsamling er et resultat af denne periodes morgenskriverier.

Da jeg havde skrevet mange digte i haiku- og wakaform, opdagede jeg ved en oprydning en lille serie wakadigte, som jeg havde skrevet i 2001, året efter min fars død, dels i forbindelse med et besøg hos min mor, dels i forbindelse med overgang til fleksjob. De får lov at komme med ...

Jeg vil gerne med denne udgivelse mindes min veninde og hendes liv i et fremmed land. Det gør jeg ved at forene haiku- og waka-formen med mine tanker, som er udsprunget af et godt 60-årigt liv i Danmark, til dels med forbindelse til den antroposofiske bevægelse og til Kristensamfundet, bevægelse for religiøs fornyelse. Jeg lader det være op til læseren at vejre de forskellige bevægelser gennem de enkelte digte.

Værsågod, Kristi.

Waka 2001

det er det store
hus med de mange stuer
her vil jeg vente
til mit corpus bliver træt
til min sjæl vil vende hjem

hvad har du imod
at jeg siger sandheden
om mit eget liv
jeg kan ikke tie nu
da jeg er gået i gang

dette er ikke
hvad du vel havde ventet
af mig, din datter
lad dig kun overraske
så er vi sammen igen

vinden bevæger
træernes rige kroner
så at de hvisler
Gud, lad din stemme lyde
ved vindens sang i træer

hvor er jeg henne
hvad er min sjæl i gang med
har jeg en engel
som leder mig i valget
i store som i små ting

når edderkoppen
spinder sit spind med møje
er den vel ikke
klar over at jeg sidder
betragter den og – græder

dette er ikke
den sidste dag jeg vandrer
til mit arbejde
måtte den bringe det frugt
frugt med langsigtet virkning

når jeg i morgen
drøfter mit job med flere
lad det da lykkes
at finde et klarere
vand at spejle det i

Hverdag

glæden ved livet
at den er kommet så sent
kan kun fordybe
sorger forhindrer ikke
glædens stærkere nærvær

selvbestaltet job
gå andre i bedene
mildt vejledende

andres livsmønstre
kommer igen i flager
okkulte sager

du lægger planer
og livet vælter dem om
find roen i det

den unge pige
gennemlever forvandling
og bliver kvinde
lige nu ramt af sygdom
måtte hun overleve

kan misundelse
som ofte irriterer
også forvandles
kan den give impulser
til at søge udvikling

du skifter retning
bliver ikke ved læsten
vorder menneske
lytter til sfæremusik
gennem din afdøde ven

gå ud i verden
der vil du møde dig selv
og se så indad
der møder du den verden
som viser sig derude

så mange jeg'er
der er mange mennesker
jeg aldrig møder
jorden huser så mange
vi er menneskeheden

døde forfædre
arbejder med på livet
for jordmennesker
i Japan og Afrika
hvorfor ikke også her

19

zen og kristendom
balancerer de ikke
på skønneste vis
jeg kan finde så meget
at hente fra dem begge

de små gøremål
holder min verden sammen
lad mig klare dem

Debussys musik
henter mig hjem til Japan
når jeg vågner op

hviskende engle
ja – overhør dem ikke
lad stilhed råde

brødføde mængder
af sultne i fattigdom
kan vi gøre det?

fra gråd til latter
i midten findes kernen
mit evige jeg

i øjeblikket
jeg distancerer mig fra
mit følelsesliv

fire små digte
hentet fra et øjeblik
af fuldkommen ro

at du er kunstner
det mærkes i hvad du gør
hvor småt det end er

dråben i havet
det er mit mål med livet
at hente den frem

kaffe i smal strøm
brød og oliven med mere
mit morgenmåltid

man kan godt smile
også når man sidder i
en stillekupe

møde på vejen
jeg kender ham på gangen
nu med rollator
hunden er død, men han må
alle dage ud at gå

kære veninde
du venter kun på at dø
hvad savner du her

tårer i øjet
på morgenkvistens kant
hvad kan det være?

se lyset komme
endnu kun i gråtoner
snart klare farver

jeg ser gravide
og forældre med små børn
familiecafé

en pinjekogle
købt for en måned siden
nu åbner den sig

middelaldermunk
eller nonne om du vil
er det sandt om mig

vågner med solen
takker min Gud for det liv
jeg nu har fået

ung afrikaner
med mørke varme øjne
øjebliks møde

lang enetale
kan slå et emne ihjel
vil du da myrde?
hvor er kontakten med den
som skulle lytte til dig

du savner nærvær
fra tænkende mennesker
om dine planer
skyggen du sender med ud
kræver metamorfoser

Årstider

solen bryder frem
efter en dag med skyer
hvor vidunderligt

bladene falder
de blev pludselig gule
vinteren kalder

forblæste skyer
fugle i flokke på vej
hen over træer

farver forvandles
himlens blå med pasteller
træer som gløder

en nat fuld af blæst
har fjernet mange blade
fra lindetræet

nu kan jeg se ind
til stammen hele vejen
også den er smuk

træ uden blade
jorden som rækker sit stof
ud mod himmelen
fugle ses på grenene
levende budbringere

en fuglerede
i kronen af et højt træ
nu tom og synlig

grålyse morgen
skaderne skræpper i kor
småfugle kvidrer

en stoppet næse
dertil hoste og hæshed
en lille pause

rim på ruderne
slører synet af verden
kulde i kroppen

sorgen er lettet
glæde har listet sig ind
stilhed i mit sind

advent er inde
er det den eneste tid
en fødsel kan ske

i adventstiden
er skyerne fortæppe
for himmelens blå

julen er kommet
solhverv i hjerternes dyb
(undskyld, hr. Grundtvig)

evangelium
englenes glade budskab
til os mennesker

hviskende engle
ja. overhør dem ikke
lad stilhed råde

det sidste mørke
før natten forlader os
og dagen kommer
indgyder ro i min sjæl
om forventningens flamme

de store træer
en lærk, en birk og en eg
er blevet fældet
skovskaden søger agern
nu ikke længere her

solen har farvet
skyernes kanter gyldne
nu bryder den frem

kære ven – se ud!
lyset er kommet tilbage
med sne og mild frost
februar lover vinter
og dagens lys vokser støt

nyfalden frostsne
knirker under støvlerne
barnets forundring

genlyd af råben
børnestemmer i frostluft
klare krystaller

solen har skinnet
det meste af en lang dag
intense farver

magisk opvågnen
hvidhed råder overalt
ved forårsjævndøgn

foråret kommer
men først må vi ha' lidt sne
overraskelse!

rimfrost forsvinder
når forårssolen skinner
klar dag i vente

endestationen
kun ganske få i bussen
himmelfartsmorgen

solen er oppe
før en vis mand får sko på
foråret bruser

det svajende græs
imellem perronerne
ro genoprettet

forventningens lys
i stilfærdig positur
før et kært møde

højttaler mumler
et tog rasler nu i gang
så: skinnernes sang

svalerne flyver
der hvor der er insekter
eksistensglæde

træernes toppe
belyst af sol på vej ned
aftenguldblade

vågner pludselig
og glider uden varsel
ind i dagens strøm

flyvemaskinen
skal vel lande i Kastrup
er dette rigdom?
mon sjælen kan undvære
lange rejsers mulighed?

de små hvidvinger
graciøse flyvere
så mildt bevæget

skyerne dækker
himlen som før var helt blå
mon det bliver regn
det kan være en fordel
at rejse i den slags vejr

at stå tidligt op
hilse solen godmorgen
før det bliver varmt
begive mig til søen
hvor lysglimt fanger øjet

English haiku

the drop in the sea
my goal in this life is this
to find – and let free

the fear has left me
feeling like a newly born
born to be human

melting barriers
moving close to the centre
my heart is alive

opening my heart
is a task for my whole life
connecting with Christ

as a late bloomer
I am slow at conceiving
time will take me there

no, I rather find
eternity takes me there
when I can have faith

cone of a stone pine
bought about a month ago
now opening up

quiet white morning
drops are falling from the trees
spring is on its way

af samme forfatter:

Tåger og rim - Sårbare digte 2015